Papel certificado por el Forest Stewardship Council®

MIXTO
Papel procedente de fuentes responsables
FSC® C117695

Primera edición: noviembre de 2018
Primera reimpresión: julio de 2019

Printed in Spain – Impreso en España

ISBN: 978-84-488-5130-9
Depósito legal: B-22892-2018

Diseño y maquetación: Magela Ronda
Impreso en Gómez Aparicio, S.A.
Casarrubuelos, Madrid

BE 5 1 3 0 9

Penguin Random House Grupo Editorial

Los juguetes de Arantxa

Texto de María José Sánchez
Ilustraciones de Emma Martínez

Beascoa

Arantxa

Es tan divertida que ha hecho un montón de amigos, sobre todo desde que tiene su propio canal de YouTube. Y, como suele encontrar el lado bueno de lo que le pasa, siempre está contenta.

Martina

Es la prima de Arantxa y se entienden de maravilla. Es muy alegre y creativa, pero un poco tímida. Tiene unas ideas estupendas y nunca se separa de su reproductor de MP3.

Gala

Es una joven que espera la llegada de su hada madrina para que la ayude a asistir a un baile. Vive con su madrastra y dos hermanastras, más malas que la tiña, que le hacen la vida imposible.

Brújula

Es una ciberbruja que soñaba con convertirse en una estrella de internet, pero todo le salió mal. Desde entonces, no soporta que la gente sea popular, ni que se divierta, ni que sea amable... Vamos, todo lo contrario a Arantxa. ¡Y le tiene una envidia...!

Capítulo 1
Martina viene a dormir

A veces, cuando los papás y los tíos de Arantxa se ponían de acuerdo, ella y su prima Martina pasaban juntas el fin de semana. Era fantástico porque podían pasarse todo el día jugando hasta que estaban tan cansadas que se iban a dormir. Pero aquel día la intención era otra. Tenían que preparar un baile para el festival del colegio y habían decidido practicar juntas.

—¡Cómo me alegro de que hayas venido a casa, Martina! Lo vamos a pasar genial.

—¡Síííí! Yo también estoy muy contenta, Arantxa. Tenía muchas ganas de pasar contigo el finde y preparar la coreografía del baile. Por cierto, ¿has pensado ya en algo?

—Pues todavía no, pero lo primero que podemos hacer es vestirnos de bailarinas.

-¡Sí! ¡Qué buena idea, Arantxa!

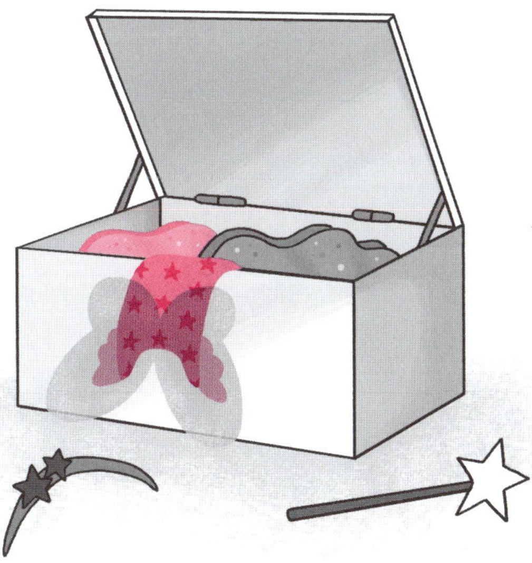

Arantxa y Martina se vistieron con unos modernos maillots. Tenían estrellitas bordadas y unas pequeñas alas de tul cosidas. Encima llevaban un tutú con lentejuelas de colores. Estaban guapísimas. Martina seleccionó la canción en su MP3 y empezaron a pensar en los pasos para su baile. **Las dos tenían mucho talento y gracia para bailar,** así que no les costó mucho encontrar una bonita coreografía.

—Creo que nos ha quedado muy bien —comentó Martina sonriente.

-Sí, pero ya sabes que el público tiene la última palabra —dijo Arantxa.

—Pues a lo mejor deberíamos enseñárselo a alguien, a un público de prueba.

—¡Claro, eso es, Martina! Grabaremos un vídeo con nuestro baile y lo colgaremos en mi canal de YouTube. Mis seguidores serán nuestro público y podrán decirnos qué les parece. Si no les gusta, estaremos a tiempo de mejorar algunas cosas.

-Fantástico. ¡Vamos, corre!

¡Hola, chicos, bienvenidos a mi canal *Los juguetes de Arantxa*! ¡¡Ya llegó Arantxa!!

Así es como Arantxa empezaba todos sus vídeos. Al poco rato tenían un montón de comentarios y muchísimos likes.

¡Bravo, bravo, qué baile más original!

Me encanta cómo se mueven vuestras faldas cuando dais vueltas.

Parecéis mariposas con mucho ritmo.

Me gusta mucho. Vais a triunfar en el festival…

—¡A tus fans les ha encantado! —dijo Martina saltando de alegría sobre la cama.

—Sí, son geniales, ¿verdad? —dijo Arantxa saltando a su lado.

Arantxa y Martina estaban supercontentas. Desde luego, a los seguidores de Arantxa les había gustado muchísimo el vídeo que habían subido a la red. Bueno, no a todo el mundo. Como os podéis imaginar, la malvada y envidiosa Brújula estaba que trinaba. No podía soportar que Arantxa tuviera tanto éxito. Así que, cuando vio tal cantidad de comentarios bonitos, se puso rabiosa y decidió lanzar un hechizo sobre las dos niñas.

Ratones sin orejas,
ordenador sin teclado,
si queréis seguir bailando
lo haréis en otro lado.

De repente, un remolino de luz salió de la pantalla del ordenador y las envolvió como un tornado.

—¿Qué le pasa a este colchón? —preguntó Martina, que sentía que el colchón desaparecía bajo sus pies.

—¡No sé, nos estamos hundiendo!

Miraron hacia abajo y en el centro de aquel torbellino apareció un enorme agujero.

—¡Ay, Arantxa, que nos caemos!

—¡Dame la mano, Martina! —alcanzó a decir Arantxa antes de que el colchón se las tragara y empezaran a caer y caer y caer.

Capítulo 2
Las apariencias engañan

Arantxa y Martina descendieron flotando como plumas por aquel agujero, con mucha suavidad. Cuando por fin tocaron suelo…

—¿Pero qué ha pasado? —preguntó Martina desconcertada—. ¿Dónde estamos?

—Ojalá lo supiera. Es como si un tornado hubiera entrado por la ventana y nos hubiera traído al… al bosque —respondió Arantxa, que tampoco entendía nada.

Unos gritos de alegría las sacaron de sus pensamientos.

–¡Pero qué suerte tengo! Ya estáis aquí. Gracias, gracias, gracias.

Arantxa y Martina tardaron unos segundos en darse cuenta de que aquella chica se estaba dirigiendo a ellas.

—¿Hablas con nosotras?

—¿Y con quién si no? Ah, ya lo entiendo: me estáis tomando el pelo, ¿verdad? ¡Ja, ja, ja!

—¿Nosotras? ¿Por qué? —dijo Martina, que no entendía nada.

—Pero qué graciosas sois... —siguió diciendo aquella chica, que estaba tan emocionada que no podía parar de hablar—. No pensaba que vendríais tan deprisa. Y menos aún que tendría dos por una. Claro, como sois tan jovencitas... ¡Qué suerte la mía! ¡Ja, ja, ja!

—¿Dos por una? Estoy un poco asustada, Arantxa —susurró Martina a su prima—. Me parece que esta chica está turulata.

—Perdona, pero... ¿cómo sabías que íbamos a venir? —preguntó Arantxa.

—Porque se lo pedí a una estrella con todas mis fuerzas, así que estaba segura de que en algún momento apareceríais.

—¿Le pediste a una estrella que viniéramos aquí? —preguntó Martina.

-¿Nosotras? Pero si ni siquiera nos conoces...

—Bueno, no sabía que erais vosotras, ni que tenía dos hadas madrinas —contestó aquella sonriente joven dando saltitos de alegría.

—¡¿Hadas madrinas?! —exclamaron sorprendidas Arantxa y Martina.

—Verás, es que nosotras no… —dijo Arantxa acompañándose de un movimiento de mano de izquierda a derecha.
Ella se quedó mirándolas perpleja y de nuevo rompió a reír con una risa que era alegre como unas castañuelas.

-¡Ja, ja, ja! Pero qué bromistas... Sois unas actrices buenísimas, por un momento me habéis hecho dudar. ¡Ja, ja, ja!

—¿Cree que somos hadas madrinas? —susurró Arantxa—. ¿De verdad? Pobrecita, ¡está de atar!

—No es broma—dijo Martina—. Te lo estamos diciendo en serio.

—¿Qué es lo que pediste exactamente a la estrella? —quiso saber Arantxa.

—Pues le dije:

«Brillante estrella ambarina,
con toda la ilusión que poseo
te pido un hada madrina
que haga realidad mi deseo».

—¿Cuál es tu deseo?

— Ir al baile de esta noche en palacio.

—Para eso no necesitas un hada madrina —afirmó Arantxa—. Solo hace falta una invitación.

—Todas las chicas del reino estamos invitadas. Lo he visto en los carteles que han colgado en la plaza.

—¿Entonces para qué necesitas un hada madrina?

—Veréis, desde que mi padre murió, vivo con mi madrastra y sus dos hijas, mis hermanastras. No sé qué les he hecho, pero me tienen manía. Me paso el día haciendo todo lo que me piden, y aun así no están contentas ni me dan las gracias... No me dejan salir de casa... Y cuando vienen invitados me tengo que quedar en la cocina como si fuera una criada. A mí no me importa mucho, porque sus invitados son tan pesados como ellas y sus conversaciones me resultan de lo más aburridas. Discuten

¡UPS!

todo el tiempo y son unas caprichosas. Prefiero estar trabajando, por lo menos así me mantengo ocupada. Pero cuando me enteré de que había un baile en palacio... ¡Aaay! Mi mayor ilusión es aprender a bailar, pero jamás he asistido a un baile. Y si no voy a bailar, ¿cómo voy a aprender? Mi madrastra me dijo que no podía ir sin acabar todas mis obligaciones, y empezaron a ponerme tareas, una detrás de otra, porque sabían que sería imposible acabarlas todas. No os imagináis todo lo que he hecho ya y tooodo lo que aún me queda por hacer. Yo sabía que no podría ir al baile si no sucedía un milagro... Y entonces aparecisteis vosotras de la nada: ¡mis hadas madrinas!

-Esta chica se cree que es Cenicienta —susurró Martina disimuladamente.

—¡Uf! No sé cómo decirte esto... Verás... Es que nosotras no somos tus hadas madrinas —dijo Arantxa—. Bueno, ni tuyas ni de nadie.

—Solo somos dos niñas que nos hemos perdido —dijo Martina.

—Pero... Vuestras ropas, las estrellas en vuestros vestidos, las alas...

—Son trajes de bailarina —le aclaró Arantxa—. Estábamos practicando para el festival del colegio y... no sabemos muy bien qué ha pasado.

—De repente hemos aparecido aquí —siguió Martina.

—Yo me llamo Arantxa y esta es mi prima Martina.

—¡Vaya! —suspiró la joven contrariada—. Yo me llamo...

—Cenicienta —dijo Martina, convencida de que, por la historia que les había contado, no podía ser otra persona.

—¿Cenicienta? No, me llamo Gala.

—Encantadas de conocerte, Gala.

—Igualmente —dijo la joven visiblemente abatida—. Bueno, será mejor que me deje de cháchara, tengo mucho trabajo que hacer. Perdonad mi confusión. Si seguís por ese camino, llegaréis al pueblo, no os volváis a perder.

La muchacha, cabizbaja, tomó un sendero que conducía a la casa que estaba a escasos metros.

Capítulo 3
¿Te echamos una mano?

—¡Pobrecilla! —dijo Martina cuando se había alejado—. No hay derecho a que la traten tan mal.

—Sí, me da mucha pena. A lo mejor podríamos ayudarla...

A Martina le pareció buena idea.

Las dos chicas salieron corriendo detrás de Gala. Si la ayudaban a acabar sus tareas, a lo mejor le daba tiempo a asistir al baile. La joven se puso muy contenta, aún le quedaba una esperanza. Así que se pusieron manos a la obra: limpiaron las

cuadras, quitaron el polvo del salón, colgaron unos cuadros, pelaron patatas y cebollas, cambiaron unas bombillas que se habían fundido, echaron de comer a las gallinas y recogieron los huevos, e incluso hicieron los deberes de Matemáticas de las hermanastras de Gala. ¡Menudo palizón! Estaban en la cocina muy contentas porque habían acabado todos los quehaceres cuando oyeron unos pasos que se acercaban.

—¡Es mi madrastra! Rápido, escondeos.

Arantxa y Martina hicieron lo que Gala les pedía. Al instante, se abrió la puerta y apareció la madrastra seguida por sus dos hijas.

—Gala, nos vamos. Cuando volvamos quiero que hayas hecho todo lo que te hemos encargado. ¡No seas holgazana!

—Ya lo he acabado todo. Solo tengo que cambiarme y puedo ir al baile con vosotras.

—¿Tú, al baile? ¿Con esas pintas? —dijo una hermanastra.

—Además, nunca has ido a un baile. ¡No sabes bailar! —dijo la otra.

—Sí que sé, mira —dijo Gala dando unos torpes pasos de baile.

Las dos hermanastras se echaron a reír y empezaron a burlarse de Gala. Aquello era tan humillante que Arantxa estuvo a punto de salir de su escondite para defender a su nueva amiga, pero Martina la agarró del brazo. Salir ahora podía meter a Gala en un lío todavía más grande.

—Es una lástima, Gala, si supieras bailar podrías venir, pero no querrás ponerte en ridículo, ¿verdad? —dijo la madrastra, que había permanecido muy seria todo el tiempo. Entonces cerró la puerta y las tres se marcharon.

Arantxa y Martina salieron de su escondite. Gala lloraba desconsolada: ¡menudo jarro de agua fría le acababan de echar por encima! De inmediato intentaron consolarla.

-Es muy injusto —dijo Arantxa enfadada.

—Es verdad, no tenían derecho a decirte todo eso.

—Gracias, chicas, aunque tienen razón. Me encanta bailar, pero no sé. ¿Y cómo quieren que aprenda si nunca me dejan ir?

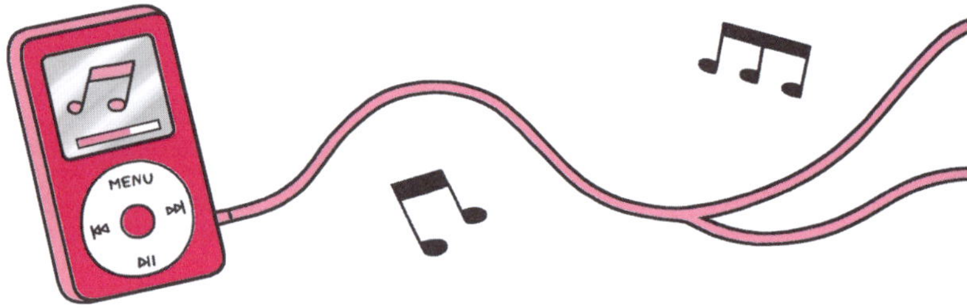

—Nosotras te enseñaremos.

—¿De verdad? ¿Haríais eso por mí?

—Pues claro, si es muy fácil... Solo hay que dejarse llevar por la música —dijo Martina enseñando su MP3.

Arantxa y Martina salieron al jardín y le enseñaron la coreografía que habían preparado para su baile en el colegio. Gala tenía tanta afición que se la aprendió enseguida.

—Lo haces muy bien, Gala. Eres una gran bailarina, así que ahora ya puedes ir al baile sin miedo —la animó Arantxa.

—Deprisa, cámbiate y vámonos —dijo Martina.

En ese momento, una nube de humo se formó ante ellas y, de la nada, apareció una anciana acompañada por un par de unicornios. En su mano brillaba una varita mágica.

-¿Alguien ha pedido un hada madrina? —dijo la anciana.

Las chicas estaban tan sorprendidas que no acertaban a responder.

—¿Quién de vosotras es Gala?

—Yo —contestó, levantando la mano.

—Ay, querida, perdóname el retraso, pero es que tu hada madrina se ha puesto enferma y me han avisado a última hora. Yo, en realidad, soy el hada de los unicornios, como puedes ver —dijo, señalando a los dos que tenía detrás—, pero algo podré hacer. Espero no llegar muy tarde.

—Pues mucho tiempo no nos sobra —dijo Arantxa—. Tenemos que ir a un baile y Gala aún no se ha cambiado.

—Bueno, no tengo mucha experiencia en cuestión de fiestas, pero creo que lo podré solucionar.

Con un par de golpes de varita, el delantal de Gala se convirtió en un precioso vestido.

—Ohhh, ¡qué bonito! —exclamaron Arantxa y Martina a la vez.

—Supongo que vosotras también querréis un vestido como el de Gala y que además necesitaréis transporte.

Las chicas dijeron que sí con la cabeza, ilusionadas.

Con un golpe de varita convirtió sus trajes de bailarina e hizo aparecer una fabulosa carroza de la nada.

—Mis unicornios Thon y Sohn os llevarán... Ah, se me olvidaba un detalle —dijo rebuscando en su bolsillo.

—Ahora es cuando dice que a las doce hay que dejar el baile o se rompe el hechizo, ya verás —susurró Martina, que aún pensaba que todo aquello le recordaba mucho a un cuento.

—No se puede ir a una fiesta sin un detalle especial —dijo prendiendo unos preciosos pins con forma de unicornio en sus vestidos—. Y ahora pasadlo muy bien y sed sensatas.

Nada más despedirse, los unicornios hicieron brillar su mágico cuerno y emprendieron el camino. Su paso era tan suave que daba la sensación de que trotaban sobre nubes, y tan veloz como si los empujara el viento. No tardaron mucho en llegar a su destino. Arantxa y Martina se hubieran quedado un rato más con aquellos preciosos animales, pero no podían dejar sola a Gala. Así que se despidieron de los unicornios y cruzaron la pasarela que conducía al palacio. Nada más entrar, un chambelán las guio por aquellos lujosos pasillos hasta una enorme puerta dorada custodiada por dos mozos. Estos la abrieron de par en par y las chicas entraron en el salón de baile.

Bueno, la verdad es que era un gran salón, pero el baile brillaba por su ausencia. Todos los invitados estaban sentados junto a las paredes y la pista central se encontraba desierta. La orquesta parecía deprimida del poco éxito que tenía su música. Algunas chicas vestidas de largo conver-

saban en pequeños grupos. Otras miraban al suelo o se atusaban el pelo. Los chicos, muy elegantes, hacían algo parecido pero en el lado opuesto del salón y los adultos tomaban té en una sala contigua.

—¿Este es el famoso baile? —se sorprendió Arantxa—. Pero si no hay nadie bailando...

—¡Menudo muermo! —dijo Martina—. Es la fiesta más aburrida que he visto.

—Pero... ¿por qué no baila nadie? —preguntó Gala decepcionada.

—La verdad es que la música no es muy animada.

—Pues vamos a arreglarlo —dijo Arantxa—. Martina, saca el MP3.

Martina cogió el reproductor de MP3 que siempre llevaba encima. Arantxa llevó a Gala al centro de la pista de baile y, con un gesto, le pidió a Martina que pusiera en marcha el aparato.

—Este es tu momento, Gala —dijo Arantxa—. Baila. Nosotras te seguiremos. Vas a hacerlo muy bien.

Una música pegadiza empezó a sonar y Gala se puso a bailar la sencilla coreografía que había ensayado con las niñas.
Todos los presentes dirigieron sus miradas a la bailarina. Incluidas las hermanastras de Gala, que ni siquiera la reconocieron. Poco a poco, los invitados se fueron acercando a ella haciéndole un corro, y cada vez estaban más animados.
Entonces Arantxa y Martina se unieron a Gala. La gente empezó a dar palmas y muchos no podían evitar mover los pies al ritmo de la música. Un par de chicas se atrevieron a unirse a ellas imitando la coreografía.

Por primera vez, los chicos y chicas de aquella fiesta se lo estaban pasando bien. Cada vez eran más los que se lanzaban a bailar. Acabó la canción y todos aplaudieron.

Los músicos, que se habían dado cuenta del tipo de música que les gustaba a los invitados, empezaron a tocar canciones con ritmo y ya nadie pudo parar de bailar. Gala seguía moviéndose en el centro de la pista, inventándose coreografías que todo el mundo imitaba. Estaba feliz. Pero, cuando más animadas estaban, apareció la madrastra.

—¿Qué estás haciendo tú aquí? ¿No tenías trabajo? —preguntó sin poder disimular la rabia.

—Ya acabé. Me dijiste que si terminaba podía venir.

—Sí, pero...

Entonces el príncipe se acercó a la madrastra.

—Muchas gracias por dejar venir a su hija, señora. Hasta que ella llegó, esta fiesta era aburridísima. ¡Quiero que venga a todas mis fiestas!

—Sí, es verdad, nos alegramos mucho de que haya venido —dijeron todos los chicos y chicas que estaban allí.

—Es verdad —dijo una de las hermanastras—. No hemos empezado a bailar hasta que ha llegado Gala. No sabíamos que bailara tan bien.

La madrastra no supo qué decir, sonrió al príncipe haciéndole una reverencia y regresó a la sala contigua, donde empezó a presumir de lo bien que bailaba su hija Gala y de que era el alma de las fiestas.

—El príncipe y ella son íntimos amigos —fanfarroneó.

Lo malo es que tantas alegrías alertaron a la malvada Brújula, que llegó de inmediato a espiar qué estaba pasando.

—No sé cómo daros las gracias —dijo Gala a Arantxa y Martina—. Vosotras decís que no sois mis hadas madrinas, pero la verdad es que habéis hecho realidad mi sueño y siempre os llevaré en mi corazón.

Aquellas palabras sentaron a Brújula como si se hubiera comido un puñado de almendras amargas.

—¡GRRRR! No lo puedo soportar. Arantxa le cae bien a todo el mundo. ¡Qué rabia! Pero esto lo acabo yo en un pispás...

Entonces Arantxa y Martina, que saltaban bailando en la pista, empezaron a notar que el suelo desaparecía bajo sus pies e, igual que había sucedido antes, comenzaron a caer y caer y caer.

Cuando se dieron cuenta, estaban tiradas en el suelo de la habitación de Arantxa.

—Uuuuy, ¿me he caído al suelo? —preguntó Arantxa.

—Sí, nos hemos caído de la cama —dijo Martina riendo.

—Debo de haberme dado un golpe en la cabeza, porque no lo recuerdo.

Ratones sin orejas,
ordenador sin teclado,
se os acabó el baile
y olvidad qué ha pasado.

—Si te hubieras dado un golpe te dolería, ¿no?

—Pues no me duele nada, pero tengo una sensación extraña.

En ese momento, Maricel, la madre de Arantxa, entró en la habitación con unos briks de zumo y unas galletas.

—Hola, chicas, traigo un tentempié para las bailarinas... ¿Vais a enseñarme cómo lo hacéis?

—Noooo —dijeron las dos a la vez—. Queremos que sea una sorpresa.

—Bueno, vale, pues os dejo seguir practicando. Por cierto, qué pin más bonito lleváis. ¿Lo has traído tú, Martina?

Martina y Arantxa se miraron el pin extrañadas. Ninguna de las dos recordaba cómo aquellos unicornios habían llegado a sus vestidos.

El megatest del futuro youtuber

Descubre qué youtuber serías.

1. ¿Qué es lo que más te gusta hacer?

a) Jugar con mis amigos.
b) Dormir.
c) Mirarme al espejo.
d) Cantar, cantar y cantar.

2. ¿Para qué quieres ser youtuber?

a) Para compartir cosas con más gente.
b) Pregúntamelo luego, que ahora tengo mucho sueño.
c) Para que todo el mundo pueda ver lo monísim@ que soy.
d) Para cantar también por internet.

3. ¿Dónde te gustaría ir de vacaciones?

a) A un campamento con un montón de niños y niñas.
b) ¡Uff, qué pereza! Prefiero quedarme en casa.
c) A una playa llena de espejos, para ver lo bien que me queda el bañador.
d) A cualquier sitio donde tengan karaoke.

4. ¿Qué es lo que se te da mejor hacer?

a) Me encanta que la gente me cuente sus cosas.
b) Roncar a pierna suelta.
c) Mirarme al espejo. Soy tan mon@...
d) *La donna è mobile*, na niano nianonaaaaaa. La, la, la. Tirorito tirorá.

Respuestas

a) Si has respondido casi siempre a, eres una persona muy simpática, sociable y te encanta compartir con los demás. Serás un o una superyoutuber.

b) Si has respondido casi siempre b, serás el o la youtuber preferid@ de los lirones y marmotas. Tendrás muchísimo éxito, si no te duermes antes de encender el ordenador, claro.

c) Si has respondido casi siempre c, tu canal de YouTube tendrá un gran admirador: tú. Un consejo, lee el cuento de Blancanieves: mirarse tanto al espejo puede ser peligroso.

d) Si has respondido casi siempre d, puedes grabar tus canciones y subirlas a la red, pero, por favor, insonoriza las paredes de tu habitación. Tus vecinos te lo agradecerán.

Los apuntes del youtuber (el rincón del vlogero)

Consejos para salir genial en tus vídeos.

Para que la cámara capte lo fantástic@ que eres, aquí tienes algunos trucos infalibles:

Busca una buena posición para la cámara. Esto es importante para que se te vea bien. Si la pones muy lejos, vas a parecer tan pequeñ@ como un umpa lumpa salido de la fábrica de chocolate de Willy Wonka. Y si la colocas muy cerca, tal vez no te quepa todo lo que quieres grabar. Procura que esté también a una altura adecuada. Si la pones muy abajo o muy arriba, te verás tan rar@ que no te reconocerás. Y no siempre hace falta que te grabes de cuerpo entero, a no ser que quieras demostrar lo bien que bailas hip hop, flamenco, riverdance, jazz...

Elige la luz natural.

No hay nada como el sol para iluminar bien un vídeo. Así que, siempre que puedas, graba tus vídeos con luz natural. Pero debes tener la luz de frente porque, si te pones de espaldas a ella, en tu vídeo serás solo una mancha oscura.

Presta atención también al fondo.

Elige un fondo bonito o que haga referencia al mensaje de tu vlog. Vamos, que si vas a hablar de lo bonitas que son las petunias silvestres, es preferible que te grabes en un jardín en lugar de hacerlo delante de los contenedores de basura de tu calle. Ah, y si vas a grabarte en tu habitación, recógela antes un poquito. Tus padres estarán encantados y tú no pasaras a la historia de YouTube por ser un desorden con patas.

Ponte guapísim@ de la muerte.

Por muy bonito que sea tu pijama, ese momento de recién salid@ de la cama no es el mejor para plantarte delante de la cámara. O al menos lávate la cara porque, créeme, las legañas no son nada favorecedoras.

Sé tú mism@ siempre.

Vamos, que dejes a un lado los nervios y derroches tanta simpatía como cuando estás con tus amigos. Seguro que triunfas.

Los colores mágicos

Imagínate que tienes que ir a un baile en palacio. ¿No te gustaría que viniera un hada madrina y te ayudara con el vestido y el carruaje y...? A mí me encantaría. Tengo una idea: vamos a hacer un poco de magia. Colorea la ilustración como más te guste y verás cómo cambia.

Cosas de youtubers

Cámara:

Es imposible ser youtuber si no tienes una cámara para poderte grabar. Puedes usar cualquier cámara, pero lo mejor es que tenga una pantalla abatible, es decir, que la cámara disponga de una pantalla que se pueda girar para verte mientras te grabas. Aunque a simple vista no parece muy importante, realmente esta característica facilita muchísimo el trabajo de grabación, y aún más si no tenemos a nadie que nos ayude. Otro factor importante es el sistema de autoenfoque y seguimiento para mantener tu cara enfocada respecto al fondo y conseguir mayor protagonismo.

Iluminación:

Es uno de los factores más importantes para conseguir un vídeo de calidad. Ya puedes tener la mejor cámara del mundo que si estás a oscuras no se va a ver nada. ¿Lógico, verdad? Pero no es solo eso, la luz sirve para conseguir el ambiente que tú quieres. Por ejemplo, si solo te iluminas con una linterna debajo de la barbilla, vas a dar muuuucho miedo.

Trípode:

Es cualquier cosa que tenga tres pies. Hasta un marciano que tuviera tres pies se podría llamar trípode, pero no es eso lo que necesitas para grabar un vídeo. Lo que hace falta es un armazón de tres patas en el que puedas sostener la cámara y grabarte tú solo. Si alguien te graba, no necesitarás un trípode, a no ser que el que te grabe sea un marciano con tres pies.